PARCOURS
Promesse d'Amour

Carnet de Notes

PARCOURS DE PRÉPARATION
AU MARIAGE À L'ÉGLISE CATHOLIQUE

MAME · TARDY

Pourquoi ce Carnet de notes ?

- Les questions que nous voulons poser

L'expérience montre que nous avons tendance à « enfouir » les choses « intérieures », alors que nous gardons à la surface de notre mémoire les choses futiles.
C'est pourquoi l'expérience spirituelle demande que l'on prenne des notes.
Ainsi, ce carnet est très important : il est la mémoire de vos rendez-vous « *Une heure pour nous.* »
De ce fait, il est un secret d'amour entre vous deux : ne le montrez à personne !

Comment le remplir ?

Pendant l'heure pour nous, notez vos découvertes, ce que vous souhaitez approfondir. Notez aussi ce qui vous choque, ce que vous contestez.
Notez vos désaccords : ils ne sont pas signes de division entre vous, mais ils indiquent un chemin à suivre pour arriver à la pleine communion.
Ces notes portent sur la parole de Dieu et les affirmations de la foi.
Ne notez que ce qui vous paraît important.

Remarque : Aux questions « Pourquoi me marier dans l'Église ? » et « Pourquoi nous marier dans l'Église ? », donnez une réponse en lien avec le thème de l'heure pour nous. Écrivez vos réponses sur les pages 38 et 39 de votre *Carnet de notes*. Cela vous permettra de faire une synthèse à la fin de votre parcours.

Faut-il l'apporter aux réunions ?

Si vous suivez un parcours avec d'autres fiancés, vous aurez la joie d'un temps de partage avec eux, sur les « *Une heure pour nous* » vécues. Votre *Carnet de notes* sera un aide-mémoire pour ce partage. De même, quand vous rencontrerez ceux qui vous accompagnent, il vous rappellera les questions que vous souhaitez poser.
Mettez-vous bien d'accord sur ce que vous souhaitez garder secret.

Rencontrer Jésus ?

Date : .... / .... / ....

1 - Nos découvertes, questions ou désaccords à propos de la parole de Dieu.

2 - Que disons-nous des affirmations de la foi ?

3 - Des questions personnelles :

- Pour moi, qui est Jésus ?
- Qu'est-ce que je demande à Jésus ?
- Est-il important pour notre amour ?
- M'aides-tu à connaître Jésus ?
- Qu'est-ce que je cherche ?
- Est-ce que je lis la parole de Dieu ?

① # À son image il nous créa

Date : .... / .... / ....

1 - Nos découvertes, questions ou désaccords à propos de la parole de Dieu.

2 - Que disons-nous des affirmations de la foi ?

3 - Des questions personnelles :

- Quels sont mes talents ?
- Que m'a donné ma famille ?
- Suis-je aimé(e) par Dieu ?
- Qui m'a profondément marqué(e) ?
- Mon travail a-t-il un sens ?

2

Homme et femme il nous créa

Date : .... / .... / ....

1 - Nos découvertes, questions ou désaccords à propos de la parole de Dieu.

2 - Que disons-nous des affirmations de la foi ?

3 - Des questions personnelles :

- As-tu des qualités que je n'ai pas ?
- Suis-je un homme (une femme) accompli(e) ?
- Qu'est-ce que j'aime en toi ?
- Ton amour m'a-t-il fait grandir ?
- Dieu a-t-il une place dans notre amour ?
- Que veut dire « ne faire qu'un pour nous » ?

Pourquoi nous marier dans l'Église ?

(Inscrire vos réponses pages 38-39)

③ Mon engagement est pour toute la vie

Date : .... / .... / ....

1 - Nos découvertes, questions ou désaccords à propos de la parole de Dieu.

2 - Que disons-nous des affirmations de la foi ?

3 - Des questions personnelles :

- Quitter mon père et ma mère ?
- Ne pas les fuir mais les aimer ?
- Aimes-tu ma famille ?
- M'aides-tu à aimer ma famille ?
- Suis-je adulte affectivement ?
- Que disons-nous du divorce ?

Pourquoi me marier dans l'Église ?

(Inscrire vos réponses pages 38-39)

④

Nous voulons des enfants

Date : .... / .... / ....

1 - Nos découvertes, questions ou désaccords à propos de la parole de Dieu.

2 - Que disons-nous des affirmations de la foi ?

3 - Des questions personnelles :

- Combien d'enfants voudrais-je ?
- Quand, le premier enfant ?
- Et si nous ne pouvons pas en avoir ?
- Ferons-nous baptiser nos enfants ?
- Et si un enfant non désiré arrive ?
- Pourquoi voulons-nous des enfants ?

Pourquoi nous marier dans l'Église ?

(Inscrire vos réponses pages 38-39)

5

Je veux

Date : .... / .... / ....

1 - Nos découvertes, questions ou désaccords à propos de la parole de Dieu.

2 - Que disons-nous des affirmations de la foi ?

3 - Des questions personnelles :

- Quand ai-je décidé de t'épouser ?
- Est-ce que je me sens libre ?
- À quoi dois-je renoncer pour t'aimer ?
- Connais-tu mes faiblesses ?
- Ai-je des addictions ?
- Suis-je capable de vouloir vraiment ?

Pourquoi me marier dans l'Église ?

(Inscrire vos réponses pages 38-39)

6

Je te reçois

Date : .... / .... / ....

1 - Nos découvertes, questions ou désaccords à propos de la parole de Dieu.

2 - Que disons-nous des affirmations de la foi ?

3 - Des questions personnelles :

- Suis-je décidé(e) à aimer ta famille ?
- Sur quoi m'as-tu fais progresser ?
- Pouvons-nous changer ensemble ?
- Est-ce que je connais ton histoire ?
- Notre vie affective est-elle juste ?
- Qui te donne à moi ? Toi ? Dieu ?

Pourquoi me marier dans l'Église ?

(Inscrire vos réponses pages 38-39)

7

Je me donne à toi

Date : .... / .... / ....

1 - Nos découvertes, questions ou désaccords à propos de la parole de Dieu.

2 - Que disons-nous des affirmations de la foi ?

3 - Des questions personnelles :

- Suis-je prêt(e) à t'appartenir ?
- Pourquoi pas le Pacs ?
- Ce que je fais seul(e) te concerne-t-il ?
- Que veut dire « aimer comme Jésus » ?
- Aurai-je un jardin secret ?
- C'est quoi un commandement ?

Pourquoi me marier dans l'Église ?

(Inscrire vos réponses pages 38-39)

Week-end - Accompagnement personnel

- Les questions que nous voulons poser

- Nos découvertes

- Nos décisions

8

Le péché originel

Date : .... / .... / ....

1 - Nos découvertes, questions ou désaccords à propos de la parole de Dieu.

2 - Que disons-nous des affirmations de la foi ?

3 - Des questions personnelles :

- Fais-je des choses qui me font souffrir ?
- Suis-je parfois triste, en colère ?
- Puis-je te parler de mes faiblesses ?
- Peux-tu me corriger ?
- Avons-nous besoin des autres ?
- Avons-nous besoin de Dieu ?

9

La promesse du Salut

Date : .... / .... / ....

1 - Nos découvertes, questions ou désaccords à propos de la parole de Dieu.

2 - Que disons-nous des affirmations de la foi ?

3 - Des questions personnelles :

- Ai-je besoin d'être sauvé(e) ?
- Est-ce que j'ai des idoles ?
- De quoi voudrais-je être délivré(e) ?
- Notre amour a-t-il besoin d'être sauvé ?
- Dieu veut-il que nous soyons heureux ?
- La vie chrétienne est-elle importante ?

Pourquoi me marier dans l'Église ?

(Inscrire vos réponses pages 38-39)

10

Jésus recrée notre amour

Date : .... / .... / ....

1 - Nos découvertes, questions ou désaccords à propos de la parole de Dieu.

2 - Que disons-nous des affirmations de la foi ?

3 - Des questions personnelles :

- Pour moi, qui est Jésus ?
- Puis-je aimer Jésus ?
- Qu'est-ce que l'Église ? Une institution ?
- Qu'est-ce qu'être chrétien ?
- Ceux qui croient en Jésus-Christ ?
- Pourquoi aller à la messe ?

Pourquoi nous marier dans l'Église ?

(Inscrire vos réponses pages 38-39)

11

En vue des noces éternelles

Date : .... / .... / ....

1 - Nos découvertes, questions ou désaccords à propos de la parole de Dieu.

2 - Que disons-nous des affirmations de la foi ?

3 - Des questions personnelles :

- Est-ce je crois que je ressusciterai ?
- Cela oriente-t-il mes choix ?
- Faut-il préparer ma vie après la mort ?
- Quel est le sens de notre mariage ?
- Si un fils voulait devenir prêtre ?
- Ou une fille vivre le célibat consacré ?

Pourquoi nous marier dans l'Église ?

(Inscrire vos réponses pages 38-39)

12

Appelés à la vraie liberté

Date : ..../ .... / ....

1 - Nos découvertes, questions ou désaccords à propos de la parole de Dieu.

2 - Que disons-nous des affirmations de la foi ?

3 - Des questions personnelles :

- Pour moi qu'est-ce que la liberté ?
- Le mariage nous rend-il libre ?
- Quelle liberté me donne Jésus ?
- Quels sont les dix commandements ?
- Est-ce que j'aime faire le bien ?
- Vais-je aller me confesser ?

(13)

Je te promets fidélité

Date : .... / .... / ....

1 - Nos découvertes, questions ou désaccords à propos de la parole de Dieu.

2 - Que disons-nous des affirmations de la foi ?

3 - Des questions personnelles :

- Peut-on compter sur ma parole ?
- Suis-je tendre ? Compatissant(e) ?
- T'ai-je déjà pardonné(e) ?
- Dieu est-il fidèle ?
- Que nous promet-il dans le mariage ?
- A-t-il pitié de nous ? Pardonne-t-il ?

Pourquoi me marier dans l'Église ?

(Inscrire vos réponses pages 38-39)

Week-end - Accompagnement personnel

- Les questions que nous voulons poser

- Nos découvertes

- Nos décisions

14

Notre vocation baptismale

Date : .... / .... / ....

1 - Nos découvertes, questions ou désaccords à propos de la parole de Dieu.

2 - Que disons-nous des affirmations de la foi ?

3 - Des questions personnelles :

- Suis-je fidèle à mon baptême ?
- Ai-je une vie chrétienne ?
- Que change la préparation au mariage ?
- Qu'ai-je découvert de la foi ?
- Ai-je le désir du baptême ?
- Est-ce que je cherche Dieu ?

15

Dieu nous fait miséricorde

Date : .... / .... / ....

1 - Nos découvertes, questions ou désaccords à propos de la parole de Dieu.

2 - Que disons-nous des affirmations de la foi ?

3 - Des questions personnelles :

- Pourquoi me confesser ?
- Est-ce que cela me fait peur ?
- Est-ce que je « saurai faire » ?
- Ai-je besoin d'être libéré(e) ?
- Peux-tu m'aider à voir clair ?
- Jésus m'attend-il les bras ouverts ?

(16) Dieu nous comble de l'Esprit Saint

Date : .... / .... / ....

1 - Nos découvertes, questions ou désaccords à propos de la parole de Dieu.

2 - Que disons-nous des affirmations de la foi ?

3 - Des questions personnelles :

- Es-tu un témoin de Jésus pour moi ?
- Suis-je un témoin de Jésus pour toi ?
- Ai-je été confirmé(e) ? Si non, en ai-je le désir ?
- Voulons-nous être témoins de Jésus ?
- Auprès de qui ? Nos enfants ? Nos amis ?
- Demanderons-nous des explications ?

Pourquoi nous marier dans l'Église ?

(Inscrire vos réponses pages 38-39)

(17) Une vocation eucharistique

Date : .... / .... / ....

1 - Nos découvertes, questions ou désaccords à propos de la parole de Dieu.

2 - Que disons-nous des affirmations de la foi ?

3 - Des questions personnelles :

- Suis-je fidèle à la messe du dimanche ?
- Notre vie aura-t-elle un lien avec la messe ?
- Aurons-nous une messe de mariage ?
- Jésus est-il présent dans l'eucharistie ?
- Est-ce qu'il veut se donner à moi ?
- La parole de Dieu est-elle importante dans nos vies ?

Pourquoi nous marier dans l'Église ?

(Inscrire vos réponses pages 38-39)

18

Le vrai bonheur

Date : .... / .... / ....

1 - Nos découvertes, questions ou désaccords à propos de la parole de Dieu.

2 - Que disons-nous des affirmations de la foi ?

3 - Des questions personnelles :

- Quel bonheur je désire ?
- La sainteté est-elle désirable ? vivable ?
- Est-ce que je crois à la vie éternelle ?
- Notre société est-elle heureuse ?
- Suis-je prêt(e) à vivre autrement ?
- Sommes-nous prêts à cela ?

(19) Tous nos actes sont importants

Date : .... / .... / ....

1 - Nos découvertes, questions ou désaccords à propos de la parole de Dieu.

2 - Que disons-nous des affirmations de la foi ?

3 - Des questions personnelles :

- Suis-je responsable de mes actes ?
- Suis-je conditionné(e) ?
- Dois-je changer ma façon de vivre ?
- Est-ce que j'écoute ma conscience ?
- Est-elle « éclairée » ? Par qui ? Comment ?
- Faut-il changer notre façon de vivre ?

Pourquoi nous marier dans l'Église ?

(Inscrire vos réponses pages 38-39)

20

La chasteté dans le mariage

Date : .... / .... / ....

1 - Nos découvertes, questions ou désaccords à propos de la parole de Dieu.

2 - Que disons-nous des affirmations de la foi ?

3 - Des questions personnelles :

- Es-tu l'homme (la femme) de ma vie ?
- Que dis-je de la contraception ?
- Que dis-je de ma vie affective ?
- Sommes-nous heureux ? Vraiment ?
- La chasteté : une question personnelle ?
- Et aussi une question conjugale ?

Pourquoi nous marier dans l'Église ?

(Inscrire vos réponses pages 38-39)

21

Le chemin de conversion

Date : .... / .... / ....

1 - Nos découvertes, questions ou désaccords à propos de la parole de Dieu.

2 - Que disons-nous des affirmations de la foi ?

3 - Des questions personnelles :

- Est-ce mon bonheur qui plaît à Dieu ?
- Est-ce que j'aime le bien ?
- Les autres ont-ils une place dans ma vie ?
- Qu'est-ce qu'un sacrifice ? Faire du sacré ?
- Qui me persécute ?
- Dieu a-t-il une place dans ma vie ?

Pourquoi me marier dans l'Église ?

(Inscrire vos réponses pages 38-39)

22

Le pardon mutuel

Date : .... / .... / ....

1 - Nos découvertes, questions ou désaccords à propos de la parole de Dieu.

2 - Que disons-nous des affirmations de la foi ?

3 - Des questions personnelles :

- Tout est-il pardonnable ?
- Excuser, est-ce pardonner ? Et oublier ?
- Y a-t-il un pardon que je n'ai pas donné ?
- Pourquoi pardonner ?
- Ai-je été déjà pardonné(e) par toi ?
- Aurons-nous une habitude conjugale de réconciliation ?

Pourquoi me marier dans l'Église ?

(Inscrire vos réponses pages 38-39)

(23)

Priez sans vous lasser

Date : .... / .... / ....

1 - Nos découvertes, questions ou désaccords à propos de la parole de Dieu.

2 - Que disons-nous des affirmations de la foi ?

3 - Des questions personnelles :

- Est-ce que je prie ? Chaque jour ?
- Est-ce que je sais « faire silence » ?
- La messe fait-elle partie de ma vie ?
- Quelle promesse Dieu nous fait-il ?
- Quelle sera notre vie spirituelle de couple ?
- Bâtirons-nous une famille chrétienne ?

Pourquoi me marier dans l'Église ?

(Inscrire vos réponses pages 38-39)

Week-end - Accompagnement personnel

• Les questions que nous voulons poser

• Nos découvertes

• Nos décisions

24

La responsabilité des conjoints

Date : .... / .... / ....

1 - Nos découvertes, questions ou désaccords à propos de la parole de Dieu.

2 - Que disons-nous des affirmations de la foi ?

3 - Des questions personnelles :

- Suis-je responsable de ta vie ?
- Suis-je prêt(e) à te demander pardon ?
- Suis-je prêt(e) à t'aimer gratuitement ?
- Ai-je la volonté de me laisser aimer par toi ?
- Est-ce ton bien qui me préoccupe ?
- Vivrons-nous la correction fraternelle ?

Pourquoi nous marier dans l'Église ?

(Inscrire vos réponses pages 38-39)

25

La responsabilité des parents

Date : .... / .... / ....

1 - Nos découvertes, questions ou désaccords à propos de la parole de Dieu.

2 - Que disons-nous des affirmations de la foi ?

3 - Des questions personnelles :

- Ai-je été bien éduqué(e) ?
- Ai-je appris à servir les autres ?
- Mes engagements, je les respecte ?
- Éduquerons-nous nos enfants dans la foi ?
- Parlons-nous de nos éducations ?
- Des points forts pour notre façon d'éduquer ?

Pourquoi nous marier dans l'Église ?

(Inscrire vos réponses pages 38-39)

(26)

Honore ton père et ta mère

Date : .... / .... / ....

1 - Nos découvertes, questions ou désaccords à propos de la parole de Dieu.

2 - Que disons-nous des affirmations de la foi ?

3 - Des questions personnelles :

- Dis-je du bien de mes parents ?
- Ai-je besoin de réconciliation avec eux ?
- Est-ce que j'aime tes parents ?
- Mariés, comment honorer nos parents ?
- Comment nous ferons-nous respecter ?
- Apprendrons-nous à nos enfants à se donner ?

Pourquoi me marier dans l'Église ?

(Inscrire vos réponses pages 38-39)

27

Envoyés pour témoigner

Date : .... / .... / ....

1 - Nos découvertes, questions ou désaccords à propos de la parole de Dieu.

2 - Que disons-nous des affirmations de la foi ?

3 - Des questions personnelles :

- Notre maison sera-t-elle ouverte ?
- Quelle sera notre paroisse ?
- M'ouvres-tu aux autres ?
- Quelle sera la place des pauvres ?
- Pouvons-nous changer le cours des choses ?
- Serons-nous témoins de l'amour de Dieu ?

Pourquoi nous marier dans l'Église ?

(Inscrire vos réponses pages 38-39)

28

Au milieu des épreuves

Date : .... / .... / ....

1 - Nos découvertes, questions ou désaccords à propos de la parole de Dieu.

2 - Que disons-nous des affirmations de la foi ?

3 - Des questions personnelles :

- Ai-je connu des épreuves ?
- Qu'est-ce qui me fait peur ?
- Que ferons-nous en cas de chômage ?
- Et si nous avons un enfant handicapé ?
- Et si, par malheur, tu me trompes ?
- Suis-je prêt(e) à aimer « jusqu'au bout » ?

29

Avec un amour ordonné

Date : .... / .... / ....

1 - Nos découvertes, questions ou désaccords à propos de la parole de Dieu.

2 - Que disons-nous des affirmations de la foi ?

3 - Des questions personnelles :

- Est-ce que j'aime Dieu ? Pourquoi ?
- Ai-je tout abandonné à un moment ?
- De qui je me fais proche ?
- Que ferons-nous pour cultiver notre foi ?
- Est-ce que Dieu me cherche avec patience ?

Week-end - Accompagnement personnel

• Les questions que nous voulons poser

• Nos découvertes

• Nos décisions

Notre première prière des époux

Pourquoi me/nous marier dans l'Église ?

Pourquoi me marier dans l'Église ? (LE FIANCÉ)

(3)

(5)

(6)

(7)

(9)

(13)

(21)

(22)

(23)

(26)

Pourquoi nous marier dans l'Église ?

(2)

(4)

(10)

(11)

(16)

Sur cette double page, vous rassemblerez les réponses que vous avez données à ces questions au fil des pages, lorsque cela était signalé. Le numéro indiqué correspond à celui du rendez-vous " Une heure pour nous. "

Pourquoi me marier dans l'Église ? (LA FIANCÉE)

(3)

(5)

(6)

(7)

(9)

(13)

(21)

(22)

(23)

(26)

(17)

(19)

(20)

(24)

(25)

(26)

(27)

Une photo de notre mariage